Impressum

© 2025 Hans Wurst
Alle Rechte vorbehalten

Herausgeber: RBM Publishing
Autor: Hans Wurst
Buchsatz: Sandra Cichon
Umschlaggestaltung: Andreas Berger

Kontakt: Belinda Derflinger, Auergütlweg 10,
4030 Linz, rbm.publishing@gmx.at

ISBN: 978-3-903620-04-9 (Taschenbuch)

Das Werk, einschließlich seiner Teile, ist urheberrechtlich geschützt. Jede Verwendung ist ohne Zustimmung des Herausgebers unzulässig. Dies gilt insbesondere für die elektronische oder sonstige Vervielfältigung, Übersetzung, Verbreitung und öffentliche Zugänglichmachung.

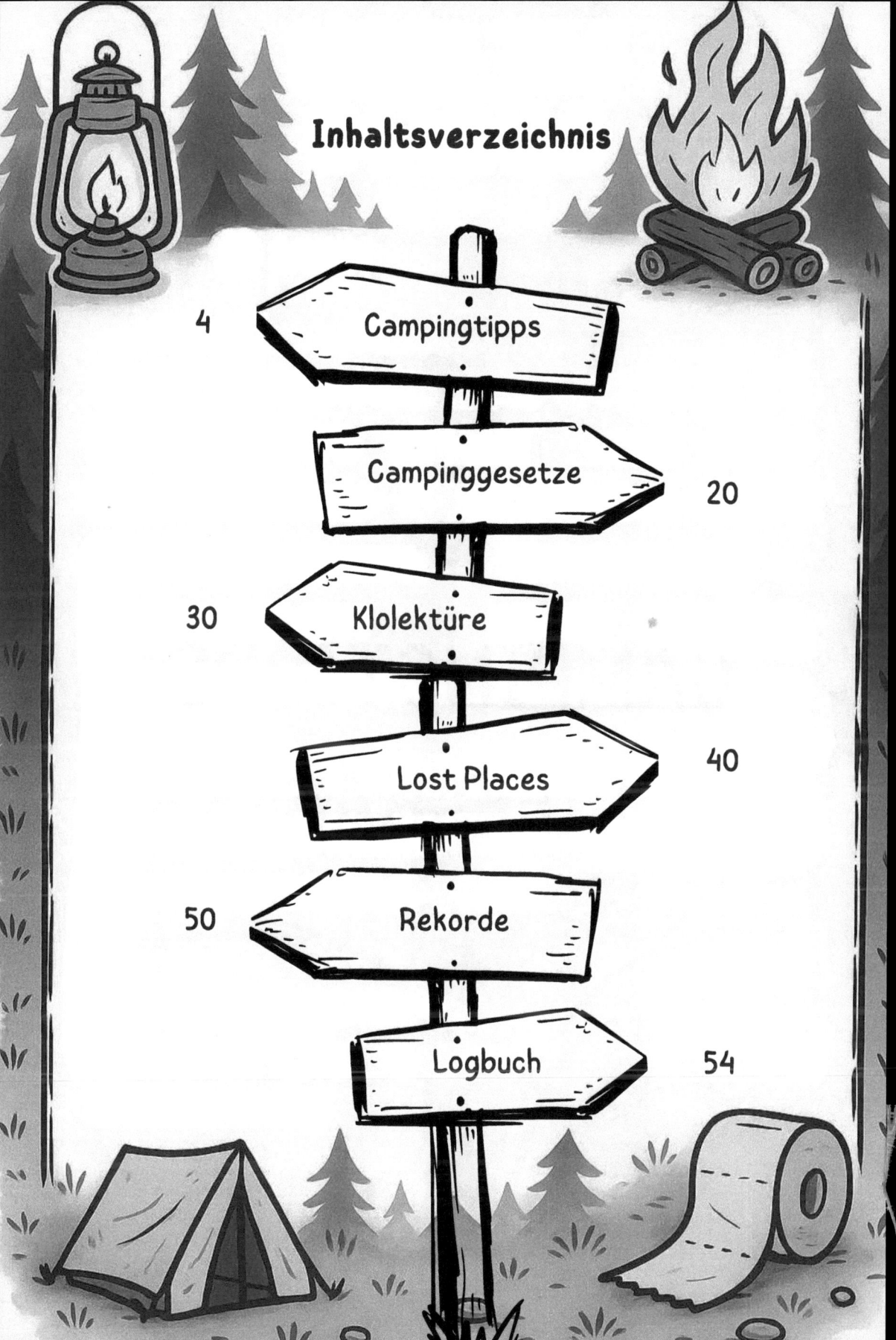

1
CAMPINGTIPPS & LIFE-HACKS

Tipp 1

Gefrorene Wasserflaschen als Kühlakku
Zwei Fliegen mit einer Flasche: kühlt deine Vorräte und wird später zur Erfrischung.

Tipp 2

Klopapier in leere Chipsdose packen
→ Bleibt trocken, formstabil und man hat einen Deckel gegen Feuchtigkeit und neugierige Mäuse.

Tipp 3

Slipeinlagen als Notfall-Schweißbremse:
Hält Achseln trocken, ideal bei Wanderungen – klingt komisch, wirkt aber.

Tipp 4

Dosenravioli retten Leben – warm, kalt, 3 Jahre alt, ganz egal, die schmecken immer!

Tipp 5

Nimm eine Stirnlampe mit – du willst deine Hände frei haben beim nächtlichen Klogang.

Tipp 6

Wenn's raschelt, ist's entweder ein Waschbär oder dein Kumpel mit Chips.

Tipp 7

Immer ein Multitool dabeihaben – vom Dosenöffner bis zur Zeckenpinzette.

Tipp 8

Wenn das Feuer nicht brennt: Zeitung, Geduld, oder ein YouTube-Video helfen.

Tipp 9
Kabelbinder und Panzertape sind alles, was ein echter Camper braucht.

Tipp 10
Erste-Hilfe-Set? Pflicht. Auch wenn du nur mit der Wärmflasche kämpfst.

Tipp 11
Schütze dein Zelt vor Ameisenstraßen – nicht erst nach der Invasion. Tipp: Eine kleine Flasche Essig hilft gegen Ameisenstraßen rund ums Zelt.

Tipp 12
Kaffee schmeckt draußen besser – aber vergiss den Filter nicht.

Tipp 13 Schlafsack lüften – sonst wird er muffiger als ein Festivalklo.

Tipp 14 Zelt immer an höherer Stelle aufbauen – außer du liebst Wasserbetten.

Tipp 15 Heringe schräg einschlagen – hält besser und sieht professionell aus.

Tipp 16 Öffentliches Klo: Immer erst nach dem Reinigen gehen – du weißt warum.

Tipp 17
Powerbank = überlebenswichtig.

Tipp 18
Schuhe draußen kopfüber lagern – Mäuse mögen's bequem.

Tipp 19
Ohrenstöpsel – ein MUSS bei schnarchenden Camping-Nachbarn! Ob Zelt oder Camper, man hört ALLES!

Tipp 20
Bier ist wichtiger als Brot!

Tipp 21: Plane mindestens eine „Ich hasse Camping"-Krise pro Woche ein.

Alufolie als Mini-Grill oder Windschutz: Lässt sich leicht transportieren, reflektiert Hitze am Lagerfeuer und schützt den Kocher vor Wind. **Tipp 22**

Tipp 23: **Nie barfuß aus dem Zelt** – du weißt nie, ob du in ein Stöckchen oder einen Frosch trittst.

Leere Eierkartons als Anzünder: Mit Wachsresten gefüllt sind sie perfekte Feuerstarter – öko, günstig und. effektiv. **Tipp 24**

Tipp 33
Der schönste Moment: Kaffee + Sonnenaufgang + kein Netz.

Tipp 34
Camper sind Herdentiere – wer "nur kurz allein loszieht", kommt oft mit neuen Freunden zurück (oder mit Käse vom Nachbarn).

Tipp 35
Ein **Windschutz** beim Kocher spart dir Nerven und halbrohe Nudeln.

Tipp 36
Vertraue niemals Wetter-Apps. Nimm **Regenzeug** mit!

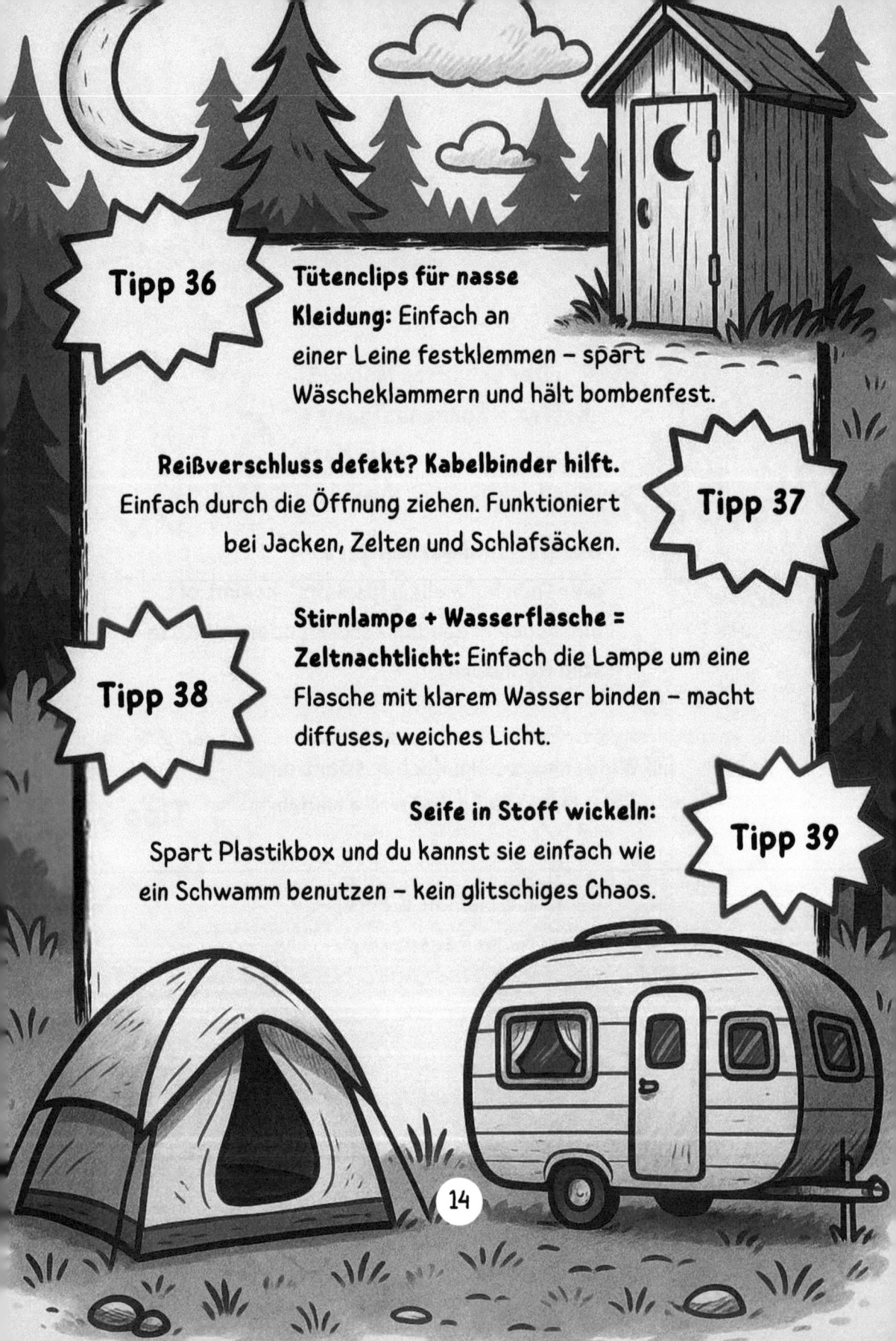

Tipp 36 — **Tütenclips für nasse Kleidung:** Einfach an einer Leine festklemmen – spart Wäscheklammern und hält bombenfest.

Reißverschluss defekt? Kabelbinder hilft. Einfach durch die Öffnung ziehen. Funktioniert bei Jacken, Zelten und Schlafsäcken. — **Tipp 37**

Tipp 38 — **Stirnlampe + Wasserflasche = Zeltnachtlicht:** Einfach die Lampe um eine Flasche mit klarem Wasser binden – macht diffuses, weiches Licht.

Seife in Stoff wickeln: Spart Plastikbox und du kannst sie einfach wie ein Schwamm benutzen – kein glitschiges Chaos. — **Tipp 39**

Tipp 40

Kleine Helfer im Dunkeln:
Knicklichter helfen beim Zeltfinden in der Nacht – besonders bei Festivals.

Tipp 41

Mückenschutz:
Lavendelöl auf Zeltnähte aufgetragen vertreibt Mücken effektiv und riecht gut.

Tipp 42

Zahnpasta portionieren:
Kleine Punkte auf Backpapier, über Nacht trocknen – ergibt ultraleichtes Zahnpasta-Konzentrat fürs Trekking.

Tipp 43

Ein **Müllsack** kann als Poncho, Regenabdeckung oder Notfall-Bodenplane dienen.

Tipp 44

Salbei ins Lagerfeuer geworfen wirkt natürlich gegen Insekten.

Tipp 45

Häng deine Taschenlampe mit einem Karabiner an die Zeltdecke – **Deckenbeleuchtung Deluxe.**

Tipp 46

Verstecke Notgeld in leeren Lippenbalsam-Hülsen – diebstahlsicher und unauffällig.

Tipp 47

Schlafe neben jemandem, der langsamer rennt als du. Du musst nicht schneller als der Bär sein – nur schneller als dein Zeltnachbar.

Tipp 48
Ein **Einweghandschuh** gefüllt mit Wasser dient als Kühlakku oder Eisbombe im Getränk.

Tipp 49
Gefrierbeutel mit Druckverschluss sind perfekte Mini-Organizer für Gewürze oder Erste-Hilfe.

Tipp 50
Do it yourself-Grillanzünder: Befeuchte ein Stück Watte mit Vaseline – es wird zum zuverlässigen Feuerstarter.

Tipp 51
Ein trockener **Teebeutel** im Schuh hilft gegen Geruch über Nacht.

Tipp 52
Packe ein Stück **Kreide** ein – es hilft, feuchte Zündhölzer zu trocknen.

Für Camper ohne Orientierungssinn:
Eine Pfeife am Rucksack dient als Notsignal bei Orientierungslosigkeit.

Tipp 53

Für tollpatschige Camper:
Ein Band mit Reflektorfolie am Zelthammer schützt vor Stolperfallen im Dunkeln.

Tipp 54

Für Wanderwütige:
Ein Teelöffel Salz im Schuh beugt Blasenbildung bei langen Wanderungen vor.

Tipp 55

Bei Hitzewallungen: Feuchttücher einfrieren – unterwegs liefern sie Abkühlung bei Hitze.

Tipp 56

Tipp 57

Praktisch und simpel: Eine Brotdose kann gleichzeitig als Teller und Schneidebrett dienen.

Gegen lästige Besucher: Ein Becher mit Kaffeesatz hilft, Wespen vom Frühstück fernzuhalten.

Tipp 57

Tipp 59

Verwende **Sicherheitsnadeln**, um feuchte Socken außen am Rucksack zu befestigen.

2

CAMPINGGESETZE (WELTWEIT)

Neuseeland — Du darfst frei campen – aber nur, wenn dein Campervan eine eigene Toilette hat.

UK — In England & Wales ist wildes Zelten illegal – in Schottland ist es Volksrecht. Freiheit, Baby!

Niederlande — Wildcamping? Nur mit schriftlicher Genehmigung des Landbesitzers.

Alabama — Kein Camping auf Friedhöfen. Ja, das musste gesetzlich geregelt werden.

Schweiz: Zelten im Wald erlaubt – aber keine Lagerfeuer, keine Musik, kein Spaß.

Tschechien: Wildpinkeln ist nur im Notfall erlaubt. Definiere „Notdurft" bitte selbst.

Italien (Sardinien): Sand mitnehmen vom Strand = bis zu 1.000 € Strafe. Auch wenn's nur im Zeltboden hängt.

Griechenland: Wildcamping ist strafbar – aber mit Maultier-Begleitung wird's oft toleriert (kein Scherz).

Polen

Wildcamping ist in Wäldern verboten – Ausnahme: Du bist Pfadfinder mit Orden.

Rumänien

Campen im Wald?
Nur mit GPS und Anti-Bärenpfeife erlaubt.

Litauen

Zelten an Seen ist erlaubt – solange du nicht angelst ohne Lizenz.

Estland

Zelten erlaubt – aber keine Bäume als Toiletten benutzen.

3
KLOLEKTÜRE + HUMOR

5. Wie nennt man einen Verkehrsstau in Holland? Campingplatz!

„Ach Hans, es war eine tolle Gewitternacht, als wir uns damals beim Campen kennen lernten." „Ja, und ich habe das Zeichen der Natur nicht verstanden!" **6.**

7. Was ist der Unterschied zwischen einer alten Uhr und einem Camper? Der Camper bleibt öfter stehen!

„Seit fünf Stunden schauen Sie mir jetzt beim Angeln zu. Möchten Sie nicht selbst einmal angeln?" – „Dazu fehlt mir die Geduld." **8.**

9. Was haben Süßigkeiten und ein Camper gemeinsam? Kaum sind sie da, schon sind sie weg.

10. Herr Müller campt zum ersten Mal an der Nordsee bei Ebbe. „Frechheit, kaum sind wir hier, haut das Meer ab, aber kassieren!"

11. „Schatz, diese Natur hier macht mich einfach sprachlos!" „Perfekt, wir zelten jetzt genau hier!"

12. „Sie sehen gar nicht gut aus, Herr Müller. Waren Sie krank?" - „Nein, mit der Familie im Wohnmobil in Urlaub!"

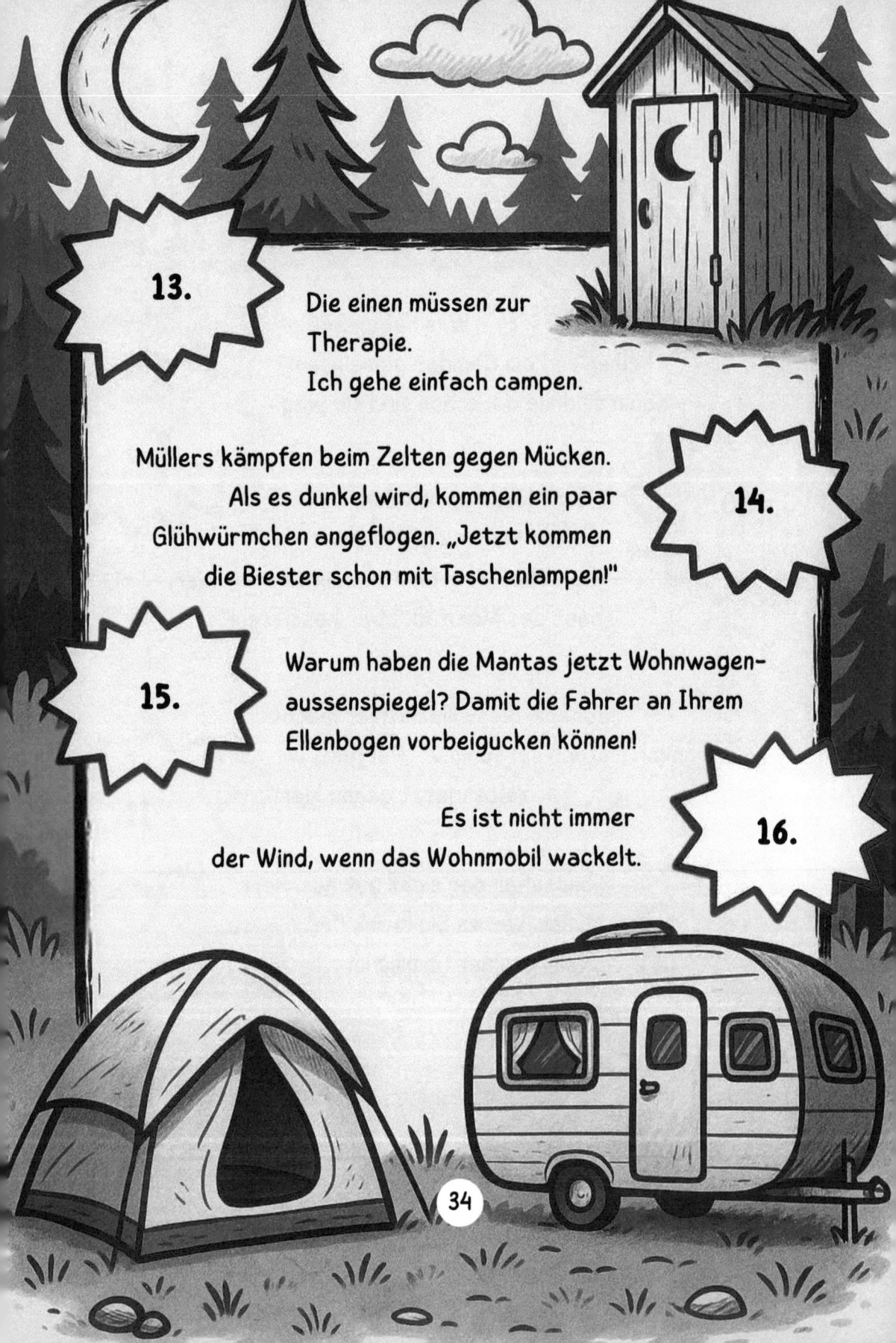

13. Die einen müssen zur Therapie.
Ich gehe einfach campen.

14. Müllers kämpfen beim Zelten gegen Mücken. Als es dunkel wird, kommen ein paar Glühwürmchen angeflogen. „Jetzt kommen die Biester schon mit Taschenlampen!"

15. Warum haben die Mantas jetzt Wohnwagenaussenspiegel? Damit die Fahrer an Ihrem Ellenbogen vorbeigucken können!

16. Es ist nicht immer der Wind, wenn das Wohnmobil wackelt.

17. Wir haben aus Versehen einen FKK Camping Platz gebucht und kommen aus dem Lach- Weinen nicht mehr raus.

18. Zwei Ostfriesen sitzen vor dem Zelt. Sagt der eine: „Du, was ist eigentlich Camping?"

19. Der Campingplatzbetreiber zum abreisenden Gast: „Nicht wahr, Sie empfehlen mich doch in Ihrem Bekanntenkreis weiter?" „Ja klar, sehr gern. Nur weiß ich im Moment niemanden, gegen den ich etwas habe."

20.

Ein Autofahrer wird von einer Polizeistreife gestoppt.

„Was ist denn mit Ihren Rücklichtern los?", erkundigt sich einer der Beamten.

Der Fahrer steigt aus, umrundet seinen Wagen, wird kreidebleich und fällt fassungslos auf die Knie.

„Nun übertreiben sie mal nicht", lächelt der Polizist, „ich will doch nur wissen, was mit dem Rücklicht ist."

„Was interessieren mich denn die Rücklichter?!", brüllt da der Fahrer verzweifelt auf. „Wo zum Teufel ist mein Wohnwagen?!"

21. Ein bayrischer Camper liest in einer holländischen Campingplatzkneipe ein Hinweisschild: Frühstück von 8 bis 11 Uhr, Mittag von 11 bis 15, Kaffee von 15 bis 18, Abendessen von 18 Uhr bis Mitternacht! Darauf der Bayer: „Saublöd, i wär so gern amoal an den Strand ganga!"

22. Wohnmobil mit Motorradanhänger – vor der Abfahrt wird die Lichtanlage überprüft. Er im Fahrerhaus, sie hinter dem Anhänger: „Bremslicht?" „Geht!" „Rücklicht?" „Geht!" „Blinklicht?" „Geht, geht nicht, geht, geht nicht, geht."

23.

Folgendes Gespräch auf einem Wohnmobilstellplatz an der Ostsee:

„Wenn ich abends spät aus der Wirtschaft komme, mich leise ins Wohnmobil schleiche und ganz leise ins Bett gehen will, macht mir meine Frau immer eine Szene."

Entgegnet der andere: „Ich mache das anders! Ich schlage ganz laut die Türe zu, singe im Badezimmer und wenn ich dann ins Bett komme, frage ich meine Frau, was sie von einem Quickie hält.
Du glaubst gar nicht, wie fest meine Frau schlafen kann!"

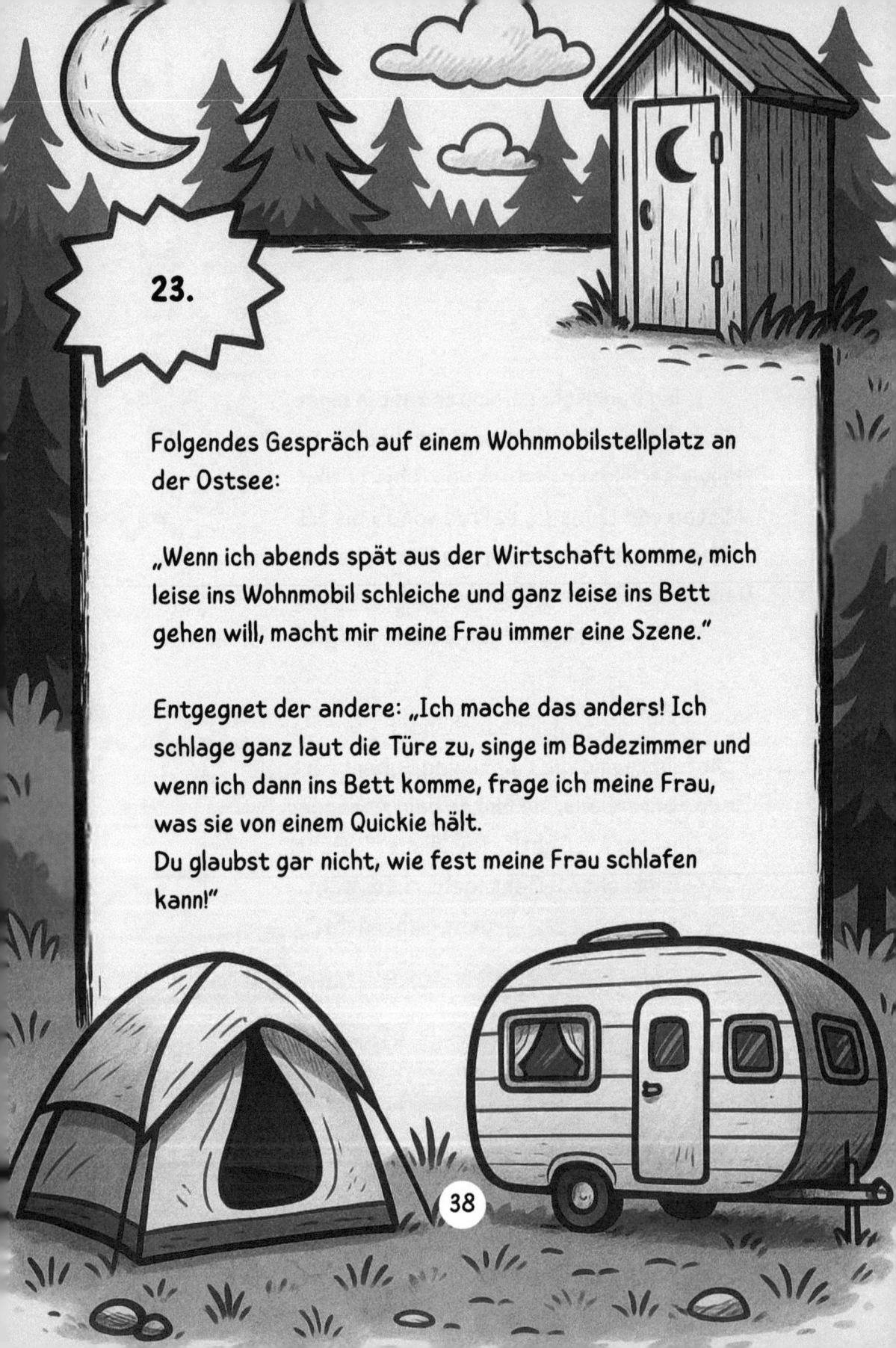

24.

Am Fährableger zur Überfahrt auf die Urlaubsinsel fragt ein WoMo-Camper den Schiffer, was eine Überfahrt kostet. „50 Euro!" - „Was? Das ist ja der totale Wucher!", entrüstet sich der Camper. „Ja wissen Sie," belehrt ihn der Schiffer, „Jesus ging über den See zu Fuß." - „Kein Wunder", bei diesen Preisen!"

25.

Mitten in der Nacht weckt ein Camper seine Freundin:
„Schau dir mal den Himmel, die Sterne und den Mond an, was sagt dir das?"
„Dass wir schönes Wetter bekommen."
„Quatsch, mir sagt es, dass unser Zelt gestohlen wurde."

4
LOST PLACES & GEHEIMTIPPS

Ukraine
Verlassene Stadt nahe Tschernobyl mit unheimlichem Flair – Campen nur mit Genehmigung möglich. (51°24′24″N, 30°02′47″E)

Italien
Verlassene mittelalterliche Stadt auf einem Hügel – ein dramatischer Hintergrund für Zelt und Kamera. (40°22′48″N, 16°26′13″E)

Kalifornien
Eine gut erhaltene Geisterstadt aus dem Goldrausch – perfekt für atmosphärische Campingfotos. (38°12′44″N, 119°00′44″W)

Namibia
Diamantengeisterstadt, vom Wüstensand geflutet – perfekte Kulisse für mystische Wildniscamper. (26°42′15″S, 15°13′57″E)

Irland

Eine geschützte Waldlichtung direkt am Wanderweg – abgelegen, aber erreichbar – ideal für Naturfreunde. (53.21606, –6.24142)

Norwegen

Zeltplatz direkt an den dramatischen Landschaften des Fjords – nur per Boot oder Wanderweg zu erreichen. (ca. 61.0250, 7.3050).

Norwegen

Campingplatz mit Blick auf schroffe Bergspitzen und Mitternachtssonne – wild und weitab. (68.2325, 13.0212)

Montenegro

Ein idyllischer Wildcampingplatz direkt am kristallklaren Canyonfluss. (43.0133, 18.9350)

Griechenland

Strandcamping in fast unberührter Natur – Wasser, Sand, Sternenhimmel und keine Menschenmassen. (ca. 38.4500, 20.8000)

Schweden

Plätze in Värmlands Glaskogen
📍 59.5000, 13.4000 – Dichter Wald mit zahlreichen Premium-Wildcamps.

Estland

Hirmuste Telkimisala
📍 58.8800, 22.5600 – Sandstrand mit Pinienwald und wundervoller Stille.

Österreich

Petzen/Pirkdorfer See
📍 46.6600, 14.4300 – Bergsee-Camping mit Familien-Charme.

Camping Trevélez
📍 36.9450, −3.3620 – Höchster Festzeltplatz Spaniens mit klarem Sternenhimmel (1550 m).

Spanien

Irland

Clifden Eco Camping
📍 53.4766, −10.0340 – Dünenstrand mit dunklem Himmel fürs Sternengucken.

Natura Camping am Lago Fiastra
📍 43.1000, 13.2500 – Am Bergsee mit Kanu-Zugang und alpiner Ruhe.

Italien

Frankreich

Star Surf Moliets, Landes
📍 43.8840, −1.4270
Surfer-Hotspot im Pinienwald nahe Atlantikstrand.

Italien

Camping Sirmione, Gardasee
📍 45.4900, 10.6300
Badespaß und Bergblick am Seeufer.

Norwegen

Renndølsetra, Romsdalen,
📍 62.8500, 7.8000 – Autonomes Bergtal,
autofrei, wild und ruhig.

Wales, UK

Top of the Woods,
📍 51.8000, –3.5000 – Öko-Lodges im Wald
mit Ressourcen-Achtsamkeit.

Spanien

Kampaoh Las Arenas,
📍 43.2600, –2.9280 – Teepee-Camping unweit
Bilbao mit mehr Natur als Turbo-Tourismus.

Camping Park Umag,
📍 45.4500, 13.5300
– Olivenhain am Meer – familiär und weitläufig.

Kroatien

Irland

Knockadav Beach,
📍 52.1730, –7.6660
Sandstrand-Camping in südöstlicher Wildnis.

Causeway Coast,
📍 55.2500, –6.5000
UNESCO-Küste mit freien Plätzen hinter Felsen.

Nord-irland

Irland

Mizen Head, Cork,
📍 51.4320, –9.7970
Südlichste Küste Irlands mit spektakulärer Klippenkulisse.

Türkei

Uzuncaburç Canyon
Stellplatz mit epischem Sonnenuntergang über der Schlucht. 📍 36.7100 N, 33.7290 E

Peak District, River Dargle Bridge
Geheimtipp an einer dramatischen Schlucht – romantisch wie kaum ein anderer.
📍 53.1440 N, −1.7850 W.

England

Carthick Wood bei Leeds
Eine ruhige Flusslichtung nahe eines Pfads – ideal zum Abschalten abseits des Trubels.
📍 54.0520 N, −1.4020 W

England

Hochplateau Transfăgărășan
Spektakulär ruhig auf 1900 m Höhe, mit Quelle gleich neben dem Zelt.
📍 45.5921 N, 24.6316 E.

Rumänien

Schottland

Davaar Island, Kintyre
Tagesausflug mit Zelt über die Gezeitenstraße – mit spektakulärer Höhle.
📍 55.2500 N, –5.6500 W

Wales UK

Aran Fawddwy, Snowdonia
Einsames Hochland mit kaum einem Wanderer weit und breit. 📍 52.8860 N, –3.9980 W

Türkei

Kiesstrand westlich Finike
Einsame Bucht direkt am Mittelmeer, perfekt für Sommernachts-Camping. 📍 36.3800 N, 30.5200 E

Italien

Bocca Trabaria
Hochplateau mit Mondlandschaft-Charakter – ideal für einsames Hochcamping.
📍 43.4500 N, 12.0500 E

5
REKORDE

Höchster Zeltplatz

Ein Camp auf 8.300 m Höhe am sogenannten „High Camp" auf dem Weg zum Mount Everest gilt als höchster belegter Zeltplatz.

3 Jahre im Zelt

Max Woosey („Tent Boy") übernachtete von März 2020 bis März 2023 täglich im Gartenzelt – ein Guinness-Weltrekord inklusive über 700.000 Pfund Spenden.

Schnellstes Team

Ein Duo aus China (Duoduo Wang & Lester Liu) baute ein komplettes Zelt in unglaublichen 74,48 Sekunden auf (24. Juli 2021, Shanghai).

Groß Das größte **Wohnmobil** der Welt ist ein deutscher Koloss namens „Der Bus", der mit seinen 18 Metern Länge und 28 Tonnen Gewicht den offiziellen Guinness-Weltrekord hält – ausgestattet mit einer Doppelstock-VIP-Lounge, einem Casino, mehreren Salons und Schlafbereichen bietet er Platz für bis zu 144 Personen. **Größer**

Am größten Das größte **Zelt** der Welt im klassischen Sinne eines faltbaren Zelts ist das Khan Shatyr Entertainment Center in Astana (Kasachstan). Diese riesige, transparente Zeltskulptur, entworfen von Foster + Partners, misst 90 m Höhe (plus Mast insgesamt 150 m) und überspannt eine elliptische Grundfläche von rund 140 000 m² – das entspricht einer Fläche von über zehn Fußballfeldern.

Tree Tent

Seit ca. 2014 gibt es sogenannte Tree Tents – Hängematten-Zelte zwischen Bäumen. Einige Modelle bieten Platz für über 6 Personen.

Längste Zeltreihe

Am 21. Oktober 2018 reihte China auf dem Wugong Mountain insgesamt 721 Zelte zu einer einheitlichen Kette mit einer Gesamtlänge von 1 482,44 m aneinander.

Zelt-Mosaik

Während des Golden Beach Camping Festivals in Qingdao (2012) wurden ca. 900 Zelte so angeordnet, dass sie eine Drachenform bildeten – ein Mosaik mit einer Fläche von 3 400 m².

7
LOGBUCH

Platz für Fotos oder Zeichnungen:

MEIN Camping-TAG 1

📅 **Datum:** _____

✸ **Ort:** _____

🎪 **Meine Behausung:**
☐ Zelt ☐ Wohnwagen ☐ Wohnmobil ☐ Hängematte ☐ Impro-Notlager

⛅ **Wetter heute:**
☐ Sonne ☐ Regen ☐ Wind ☐ Mückenplage ☐ Ideal!

🍴 **Frühstücksstatus:**
☐ Kaffee vorhanden ☐ Luxusfrühstück ☐ Basicfrühstück ☐ Notration Keks

🚽 **Toilettenlage:**
☐ Luxus-Klohaus ☐ Chemieklo ☐ Baum ☐ Drama in 3 Akten

🛏 **Nachtkomfort:**
☐ Tiefschlaf ☐ Fröstel-Wache ☐ Schnarchkonzert ☐ Besuch im Zelt

MEIN Camping-TAG 1

🐾 Tierische Begegnungen:

_____

_____

📷 Lieblingsmoment des Tages:

_____

_____

_____

😬 Der größte Fail heute:

_____

_____

_____

⭐ So viele Sterne vergebe ich für diesen Tag:

☆☆☆☆☆

MEIN Camping-TAG 2

📅 **Datum:** _____

🧭 **Ort:** _____

⛺ **Meine Behausung:**
☐ Zelt ☐ Wohnwagen ☐ Wohnmobil ☐ Hängematte ☐ Impro-Notlager

⛅ **Wetter heute:**
☐ Sonne ☐ Regen ☐ Wind ☐ Mückenplage ☐ Ideal!

🍴 **Frühstücksstatus:**
☐ Kaffee vorhanden ☐ Luxusfrühstück ☐ Basicfrühstück ☐ Notration Keks

🚽 **Toilettenlage:**
☐ Luxus-Klohaus ☐ Chemieklo ☐ Baum ☐ Drama in 3 Akten

🛏 **Nachtkomfort:**
☐ Tiefschlaf ☐ Fröstel-Wache ☐ Schnarchkonzert ☐ Besuch im Zelt

MEIN Camping-TAG 2

🐾 Tierische Begegnungen:

_____

_____

📷 Lieblingsmoment des Tages:

_____

_____

_____

😬 Der größte Fail heute:

_____

_____

_____

⭐ So viele Sterne vergebe ich für diesen Tag:

☆ ☆ ☆ ☆ ☆

MEIN Camping-TAG 3

🐾 Tierische Begegnungen:

_____

_____

📷 Lieblingsmoment des Tages:

_____

_____

_____

😬 Der größte Fail heute:

_____

_____

_____

⭐ So viele Sterne vergebe ich für diesen Tag:

☆☆☆☆☆

MEIN Camping-TAG 4

📅 **Datum:** _____

🧭 **Ort:** _____

🌲 **Meine Behausung:**
☐ Zelt ☐ Wohnwagen ☐ Wohnmobil ☐ Hängematte ☐ Impro-Notlager

⛅ **Wetter heute:**
☐ Sonne ☐ Regen ☐ Wind ☐ Mückenplage ☐ Ideal!

🍴 **Frühstücksstatus:**
☐ Kaffee vorhanden ☐ Luxusfrühstück ☐ Basicfrühstück ☐ Notration Keks

🚽 **Toilettenlage:**
☐ Luxus-Klohaus ☐ Chemieklo ☐ Baum ☐ Drama in 3 Akten

🛏 **Nachtkomfort:**
☐ Tiefschlaf ☐ Fröstel-Wache ☐ Schnarchkonzert ☐ Besuch im Zelt

MEIN Camping-TAG 4

🐾 **Tierische Begegnungen:**

📷 **Lieblingsmoment des Tages:**

😬 **Der größte Fail heute:**

⭐ **So viele Sterne vergebe ich für diesen Tag:**

☆☆☆☆☆

MEIN Camping-TAG 5

📅 **Datum:** _____

🧭 **Ort:** _____

🌲 **Meine Behausung:**
☐ Zelt ☐ Wohnwagen ☐ Wohnmobil ☐ Hängematte ☐ Impro-Notlager

⛅ **Wetter heute:**
☐ Sonne ☐ Regen ☐ Wind ☐ Mückenplage ☐ Ideal!

🍴 **Frühstücksstatus:**
☐ Kaffee vorhanden ☐ Luxusfrühstück ☐ Basicfrühstück ☐ Notration Keks

🚽 **Toilettenlage:**
☐ Luxus-Klohaus ☐ Chemieklo ☐ Baum ☐ Drama in 3 Akten

🛏 **Nachtkomfort:**
☐ Tiefschlaf ☐ Fröstel-Wache ☐ Schnarchkonzert ☐ Besuch im Zelt

MEIN Camping-TAG 5

🐾 Tierische Begegnungen:

_____

_____

📷 Lieblingsmoment des Tages:

_____

_____

_____

_____

😬 Der größte Fail heute:

_____

_____

_____

⭐ So viele Sterne vergebe ich für diesen Tag:

☆ ☆ ☆ ☆ ☆

MEIN Camping-TAG 6

📅 **Datum:** _____

🧭 **Ort:** _____

⛺ **Meine Behausung:**
☐ Zelt ☐ Wohnwagen ☐ Wohnmobil ☐ Hängematte ☐ Impro-Notlager

🌦 **Wetter heute:**
☐ Sonne ☐ Regen ☐ Wind ☐ Mückenplage ☐ Ideal!

🍴 **Frühstücksstatus:**
☐ Kaffee vorhanden ☐ Luxusfrühstück ☐ Basicfrühstück ☐ Notration Keks

🚽 **Toilettenlage:**
☐ Luxus-Klohaus ☐ Chemieklo ☐ Baum ☐ Drama in 3 Akten

🛏 **Nachtkomfort:**
☐ Tiefschlaf ☐ Fröstel-Wache ☐ Schnarchkonzert ☐ Besuch im Zelt

MEIN Camping-TAG 6

🐾 Tierische Begegnungen:

📷 Lieblingsmoment des Tages:

😬 Der größte Fail heute:

⭐ So viele Sterne vergebe ich für diesen Tag:

☆☆☆☆☆

MEIN Camping-TAG 7

🐾 Tierische Begegnungen:

_____

_____

📷 Lieblingsmoment des Tages:

_____

_____

_____

_____

😬 Der größte Fail heute:

_____

_____

_____

⭐ So viele Sterne vergebe ich für diesen Tag:

☆☆☆☆☆

MEIN Camping-TAG 8

🐾 Tierische Begegnungen:

――――――――――――――――――――――

――――――――――――――――――――――

📷 Lieblingsmoment des Tages:

――――――――――――――――――――――

――――――――――――――――――――――

――――――――――――――――――――――

😬 Der größte Fail heute:

――――――――――――――――――――――

――――――――――――――――――――――

――――――――――――――――――――――

⭐ So viele Sterne vergebe ich für diesen Tag:

☆☆☆☆☆

MEIN Camping-TAG 9

🐾 Tierische Begegnungen:

_____

_____

📷 Lieblingsmoment des Tages:

_____

_____

_____

😬 Der größte Fail heute:

_____

_____

_____

⭐ So viele Sterne vergebe ich für diesen Tag:

☆☆☆☆☆

MEIN Camping-TAG 10

📅 **Datum:** _____

🧭 **Ort:** _____

⛰️ **Meine Behausung:**
☐ Zelt ☐ Wohnwagen ☐ Wohnmobil ☐ Hängematte ☐ Impro-Notlager

⛅ **Wetter heute:**
☐ Sonne ☐ Regen ☐ Wind ☐ Mückenplage ☐ Ideal!

🍴 **Frühstücksstatus:**
☐ Kaffee vorhanden ☐ Luxusfrühstück ☐ Basicfrühstück ☐ Notration Keks

🚽 **Toilettenlage:**
☐ Luxus-Klohaus ☐ Chemieklo ☐ Baum ☐ Drama in 3 Akten

🛏️ **Nachtkomfort:**
☐ Tiefschlaf ☐ Fröstel-Wache ☐ Schnarchkonzert ☐ Besuch im Zelt

MEIN Camping-TAG 10

🐾 Tierische Begegnungen:

📷 Lieblingsmoment des Tages:

😬 Der größte Fail heute:

⭐ So viele Sterne vergebe ich für diesen Tag:

☆☆☆☆☆

MEIN Camping-TAG 11

🐾 Tierische Begegnungen:

📷 Lieblingsmoment des Tages:

😬 Der größte Fail heute:

⭐ So viele Sterne vergebe ich für diesen Tag:

☆ ☆ ☆ ☆ ☆

MEIN Camping-TAG 12

📅 **Datum:** _____

🧭 **Ort:** _____

⛺ **Meine Behausung:**
☐ Zelt ☐ Wohnwagen ☐ Wohnmobil ☐ Hängematte ☐ Impro-Notlager

🌦 **Wetter heute:**
☐ Sonne ☐ Regen ☐ Wind ☐ Mückenplage ☐ Ideal!

🍴 **Frühstücksstatus:**
☐ Kaffee vorhanden ☐ Luxusfrühstück ☐ Basicfrühstück ☐ Notration Keks

🚽 **Toilettenlage:**
☐ Luxus-Klohaus ☐ Chemieklo ☐ Baum ☐ Drama in 3 Akten

🛏 **Nachtkomfort:**
☐ Tiefschlaf ☐ Fröstel-Wache ☐ Schnarchkonzert ☐ Besuch im Zelt

MEIN Camping-TAG 12

🐾 Tierische Begegnungen:

_____

_____

📷 Lieblingsmoment des Tages:

_____

_____

_____

😬 Der größte Fail heute:

_____

_____

_____

⭐ So viele Sterne vergebe ich für diesen Tag:

☆ ☆ ☆ ☆ ☆

MEIN Camping-TAG 13

🐾 Tierische Begegnungen:

📷 Lieblingsmoment des Tages:

😬 Der größte Fail heute:

⭐ So viele Sterne vergebe ich für diesen Tag:

☆ ☆ ☆ ☆ ☆

MEIN Camping-TAG 14

📅 **Datum:** _____

🧭 **Ort:** _____

⛺ **Meine Behausung:**
☐ Zelt ☐ Wohnwagen ☐ Wohnmobil ☐ Hängematte ☐ Impro-Notlager

🌦 **Wetter heute:**
☐ Sonne ☐ Regen ☐ Wind ☐ Mückenplage ☐ Ideal!

🍴 **Frühstücksstatus:**
☐ Kaffee vorhanden ☐ Luxusfrühstück ☐ Basicfrühstück ☐ Notration Keks

🚽 **Toilettenlage:**
☐ Luxus-Klohaus ☐ Chemieklo ☐ Baum ☐ Drama in 3 Akten

🛏 **Nachtkomfort:**
☐ Tiefschlaf ☐ Fröstel-Wache ☐ Schnarchkonzert ☐ Besuch im Zelt

MEIN Camping-TAG 14

🐾 Tierische Begegnungen:

_____

_____

📷 Lieblingsmoment des Tages:

_____

_____

_____

_____

😬 Der größte Fail heute:

_____

_____

_____

⭐ So viele Sterne vergebe ich für diesen Tag:

☆☆☆☆☆

Buchempfehlungen

Buchempfehlungen

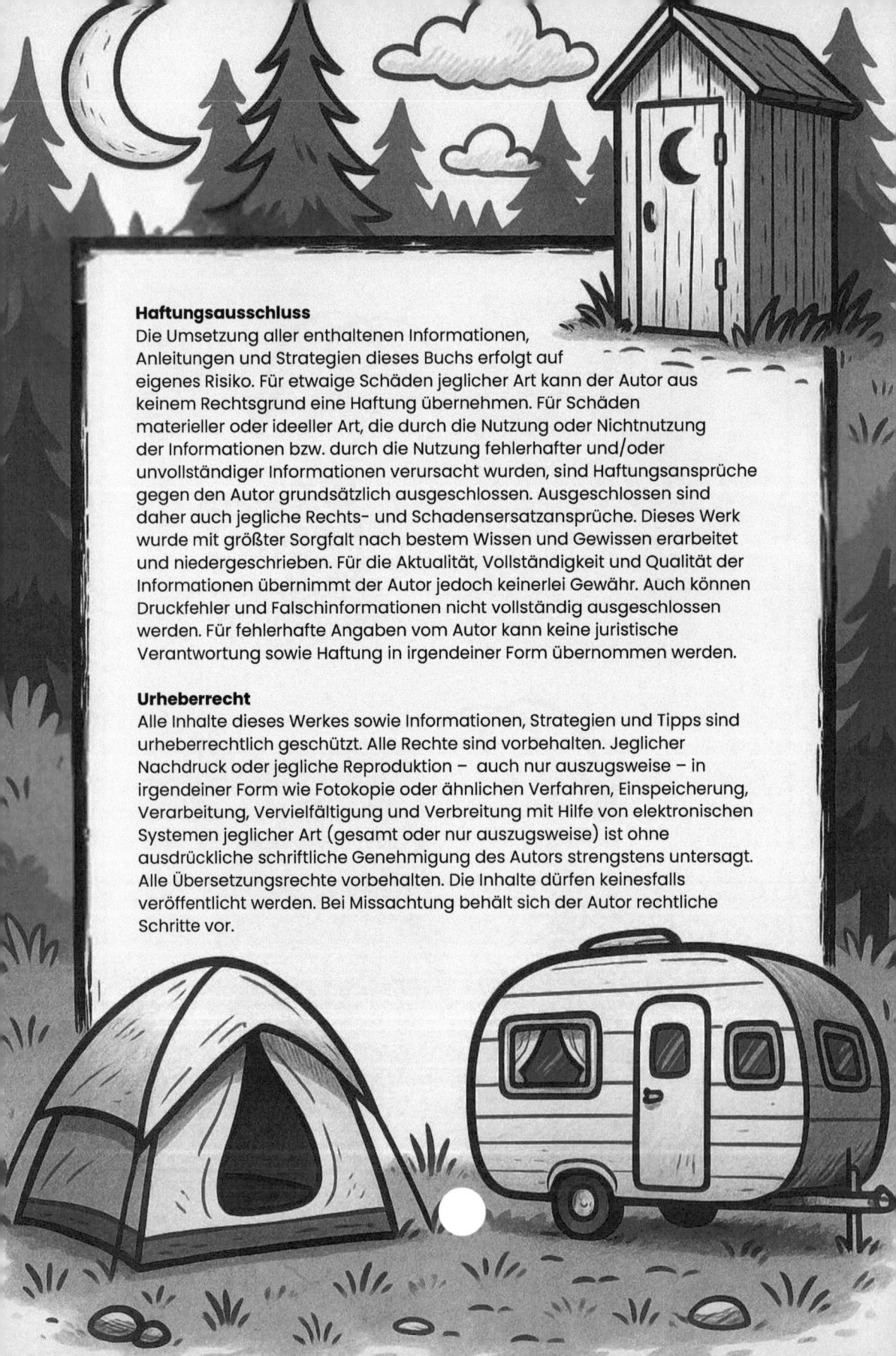

Haftungsausschluss

Die Umsetzung aller enthaltenen Informationen, Anleitungen und Strategien dieses Buchs erfolgt auf eigenes Risiko. Für etwaige Schäden jeglicher Art kann der Autor aus keinem Rechtsgrund eine Haftung übernehmen. Für Schäden materieller oder ideeller Art, die durch die Nutzung oder Nichtnutzung der Informationen bzw. durch die Nutzung fehlerhafter und/oder unvollständiger Informationen verursacht wurden, sind Haftungsansprüche gegen den Autor grundsätzlich ausgeschlossen. Ausgeschlossen sind daher auch jegliche Rechts- und Schadensersatzansprüche. Dieses Werk wurde mit größter Sorgfalt nach bestem Wissen und Gewissen erarbeitet und niedergeschrieben. Für die Aktualität, Vollständigkeit und Qualität der Informationen übernimmt der Autor jedoch keinerlei Gewähr. Auch können Druckfehler und Falschinformationen nicht vollständig ausgeschlossen werden. Für fehlerhafte Angaben vom Autor kann keine juristische Verantwortung sowie Haftung in irgendeiner Form übernommen werden.

Urheberrecht

Alle Inhalte dieses Werkes sowie Informationen, Strategien und Tipps sind urheberrechtlich geschützt. Alle Rechte sind vorbehalten. Jeglicher Nachdruck oder jegliche Reproduktion – auch nur auszugsweise – in irgendeiner Form wie Fotokopie oder ähnlichen Verfahren, Einspeicherung, Verarbeitung, Vervielfältigung und Verbreitung mit Hilfe von elektronischen Systemen jeglicher Art (gesamt oder nur auszugsweise) ist ohne ausdrückliche schriftliche Genehmigung des Autors strengstens untersagt. Alle Übersetzungsrechte vorbehalten. Die Inhalte dürfen keinesfalls veröffentlicht werden. Bei Missachtung behält sich der Autor rechtliche Schritte vor.

Dieses Buch wurde in Übereinstimmung mit den GPSR-Richtlinien der EU zur Sicherheit von Produkten erstellt.

Die Verordnung über die allgemeine Produktsicherheit ist der aktualisierte Rahmen der Europäischen Union, um sicherzustellen, dass alle Verbraucherprodukte, einschließlich Bücher, für Verbraucher sicher sind.

Dieses Buch wurde von Libri Plureos GmbH gedruckt. Der Drucker hat Sicherheitszertifikate für die verwendeten Materialien wie Tinte, Papier und Kleber ausgestellt.

Die Produktkennung ist: 9783903620049

Der Autor ist für den Inhalt des Buches verantwortlich und hat das Buch von Bookmundo produzieren lassen.

Sollten Sie Fragen zur Sicherheit des Produkts haben, kontaktieren Sie uns bitte.

Bookmundo
Delftsestraat 33
3013AE Rotterdam
Die Niederlande
info@bookmundo.com